¿Qué es el amor? ¿Qué es una familia? ¿Por qué algunos adultos se besan en los labios? ¿Tengo que casarme cuando sea grande? Los niños pequeños hacen preguntas y observaciones importantes sobre el amor, las relaciones y la familia, pero muchas veces los adultos posponen esas conversaciones. Existen diversas formas de amor entre las personas, pero no siempre vemos esa diversidad reflejada en libros o medios de comunicación. En cambio, nuestros hijos son bombardeados con imágenes que definen a la familia como una pareja heterosexual casada con hijos, una miniván y una cerca blanca. Sin embargo, hay muchas formas de relaciones amorosas que podemos alimentar, y ¡es hora de empezar a hacerlo! Este libro, inclusivo y respetuoso de la diversidad LGBTQIA+, inicia la conversación sobre cómo se ve y se siente un amor sano, así como las diferentes formas en las que amamos, establecemos relaciones y formamos familias. Está bien tomar pausas, dejar un tema para otro momento o entrelazar este contenido con sus propias historias.

—Megan y Jessica

Megan Pamela Ruth Madison,
ella

Entrenadora del Centro
por la Justicia Racial
en la Educación

Jessica Ralli,
ella

Coordinadora de Programas
para la Primera Infancia de la
Biblioteca Pública de Brooklyn

Anne/Andy Passchier,
elle

Ilustradore y creadore
de cómics web

JUNTOS

UNA **PRIMERA**
CONVERSACIÓN™
SOBRE **EL AMOR**

TEXTO DE
**MEGAN MADISON
& JESSICA RALLI**

ARTE DE
ANNE/ANDY PASSCHIER

TRADUCCIÓN DE
YANITZIA CANETTI

RISE

NEW YORK

Me quiero a mí misma, tal como soy.

Todos nacemos listos para amar y ser amados.

Todo el mundo merece amor.

¿Quién te ama?
¿A quién amas tú?

El amor es un sentimiento. Puede ser emocionante, como mariposas en el estómago, o puede ser reconfortante y seguro, como un fuerte abrazo.

El amor también es una acción,
algo que podemos hacer.
Cuando amamos a alguien,
podemos expresarlo y demostrarlo.

¿Cómo demuestras amor?
¿Cómo te demuestran amor?

Solo hay una palabra para el amor,
pero hay tantos tipos de amor.
¡Esto puede ser confuso!

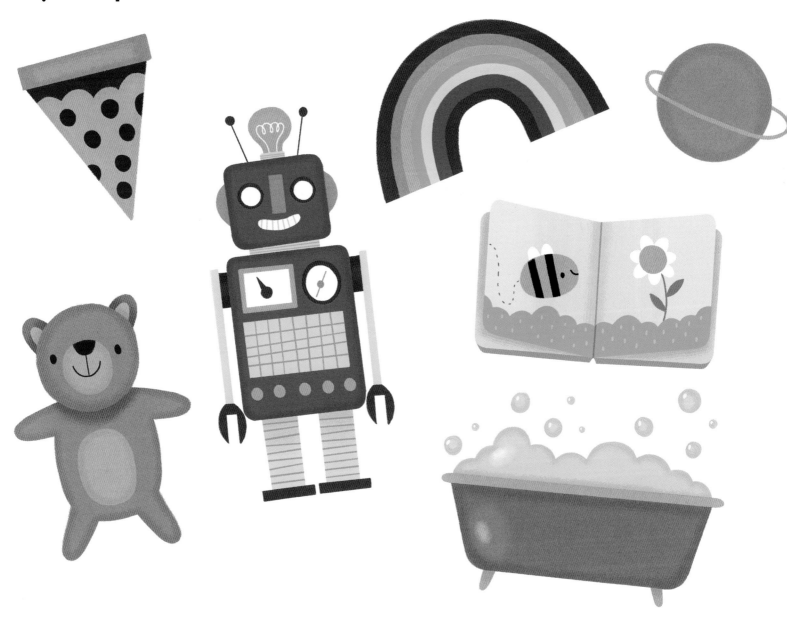

Puedes amar cosas, como la pizza,
los arcoíris o tu peluche favorito.

¿Qué cosas amas tú?

Puedes amar a seres vivos, como animales
y plantas. Y también a personas, como
familiares y amigos.

HERMANOS

PADRES

PRIMOS

VECINOS

TÍOS

ABUELOS

AMIGOS

MAESTROS

¡Y A MUCHOS
MÁS!

¿A quiénes amas tú?

Existen algunos tipos especiales de amor que podrías sentir cuando crezcas. A veces lo llamamos "amor romántico" o "enamorarse".

Los adultos tienen muchas formas diferentes de mostrarse este tipo de amor, como salir en una cita o besarse en los labios.

¿Cómo has visto que los adultos se demuestran amor?

Cualquier persona puede amar a cualquier persona. Y hay muchas palabras diferentes que puedes usar para hablar acerca de quién eres y quién amas románticamente cuando seas grande.

¿Cuáles son las palabras que conoces?

El amor puede ser fácil,
como disfrutar de tu sabor
de helado favorito o saber
que te gusta una canción.
Simplemente lo sientes.

El amor también puede ser difícil.
Puede requerir mucha práctica
aprender a demostrarlo.

Puede ser difícil cuando tenemos ideas diferentes o queremos cosas distintas a las de alguien que amamos. Podemos estar en desacuerdo con esa persona, e incluso enojarnos con ellos a veces.

Por lo general, eso no significa que el amor haya desaparecido. Cuando amas a alguien, puedes hallar la manera de hacer que ambos se sientan amados nuevamente.

Puede ser difícil cuando los sentimientos cambian. A veces el amor puede cambiar. También puede ser difícil si amamos a alguien que está lejos.

Todos merecen una familia amorosa: un grupo de personas que te demuestran que te aman tal como eres, incluso cuando sea difícil.

Pero no todas las familias son amorosas. Eso no es justo y puede hacer que las personas se sientan muy tristes y solas. Si alguien te lastima y otros te dicen que es porque esa persona te ama, están equivocados.

Encontrar un lugar seguro o una persona con la que te sientas a salvo podría ayudarte. A veces, ese lugar seguro puede estar incluso en tu imaginación.

Puede que también te ayude recordar que cuando crezcas, podrás tomar más decisiones por ti mismo/a.

¿Dónde te sientes a salvo?

Muchas personas piensan que
hay una sola forma de cómo
"debe" verse una familia.

Hay mensajes por todas partes que dicen que solo un tipo de amor o familia es el mejor.

¡Pero eso no es cierto!

Algunas familias viven juntas.
Otras no. Algunas parejas
se casan. Otras no. Algunas
personas tienen hijos. Otras no.

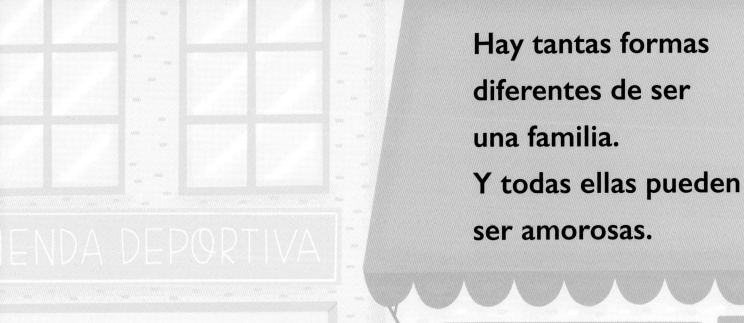

Hay tantas formas
diferentes de ser
una familia.
Y todas ellas pueden
ser amorosas.

¿Quiénes forman parte
de tu familia?

Las personas siempre han formado familias de muchas formas diferentes, pero no todos entendían que esas familias eran reales. Durante mucho tiempo, aquellos con poder han establecido reglas injustas sobre quiénes pueden amarse y quiénes pueden formar una familia.

¿Qué podemos hacer para que las cosas sean más justas para todas las familias?

Queremos un mundo en donde todos puedan formar una familia con las personas que aman.

Estamos construyendo ese mundo juntos.

DESARROLLO DE UNA SEXUALIDAD SALUDABLE

Todos los seres humanos comenzamos nuestro viaje hacia el desarrollo sexual al nacer. Aunque la sexualidad de los niños es diferente de la de los adultos, los niños pequeños están aprendiendo activamente sobre sus cuerpos, géneros, sentimientos, deseos, relaciones, intimidad, amor y cariño. Los niños tienen relaciones importantes y amorosas en la primera infancia (aunque no sean románticas o sexuales). Como adultos responsables, debemos crear un entorno en el que los niños puedan sentirse seguros de que, sin importar a quién y cómo amen cuando sean mayores, nuestro amor por ellos es incondicional. Para apoyar un desarrollo saludable, asegúrate de que la vida de tu hijo o hija esté llena de diferentes ejemplos de relaciones sanas, incluidas las no convencionales.

DEMOSTRACIONES DE AMOR

Muchos libros infantiles definen la familia como un grupo de personas que se aman, pero eso no siempre es así. Para muchos niños, especialmente los niños *queer,* las familias de origen pueden ser referentes de dolor y trauma en lugar de amor. Puede ser confuso para los niños que sufren abuso escuchar que las personas que los lastiman también los "aman". Por eso es importante ser claro acerca de cómo se ve y se siente el amor. Para que el amor esté verdaderamente presente y se sienta, se necesitan acciones amorosas apoyadas por palabras y sentimientos de amor. Para ayudar a que los niños aprendan cómo demostrar amor, busca oportunidades diarias para que practiquen esas demostraciones de amor, como abrazar a un bebé suavemente. También puedes ejemplificar las acciones amorosas, mostrando interés en las cosas que a tu hijo o hija le gustan. ¡El amor propio activo es importante y también requiere práctica! Las afirmaciones diarias y el dar prioridad a las cosas que te hacen sentir bien son algunas formas de demostrar y promover el amor propio.

RELACIONES DE LOS ADULTOS

No todos experimentan el amor romántico o la atracción sexual en la edad adulta, pero muchos adultos sí. Los niños pequeños se dan cuenta de esto y a menudo hacen preguntas como: «¿Tengo que besar a las personas cuando crezca?» y «¿Con quién puedo casarme?». Al responder a su curiosidad, asegúrate de hablar sobre la gama completa de posibilidades, incluidas las relaciones no convencionales. Por ejemplo, puedes decir: «No todos los que se aman tienen que casarse, vivir juntos o tener hijos; hay muchas otras maneras de formar una familia o mostrar amor», dando ejemplos de tu propia familia o comunidad. También está bien responder a sus preguntas sobre el afecto físico de manera apropiada para su desarrollo. Por ejemplo, podrías explicar que: «A veces, a las personas que se aman les gusta besarse, pero no todos quieren hacerlo y no es necesario». Es importante que los niños sepan que cosas como el matrimonio, la convivencia, la crianza de hijos y el afecto físico son opciones, pero no son obligatorias ni se espera que todos las elijan.

AMOR *QUEER*

Muchas personas evitan conversaciones sobre las identidades LGBTQIA+ con niños pequeños porque temen que implique hablar de sexo, lo cual es inapropiado para este punto de su desarrollo. Pero hablar sobre orientación sexual en la primera infancia simplemente significa hablar de a quién amamos. Para dejar en claro que este tipo de amor es diferente al amor que sentimos por nuestros hermanos o padres, puedes llamarlo "amor romántico" o hablar de él como un amor que se puede sentir cuando es adulto. No se trata de sexo, se trata de darles a los niños el lenguaje necesario para describir a las personas en su mundo. Esto es particularmente importante porque muchos niños cuentan que la primera vez que escuchan las palabras gay o *queer*, son usadas como términos despectivos. Puedes ser directo al definir estos términos y buscar ejemplos en libros ilustrados que te ayuden. Por ejemplo, puedes decir: «Mira, estas dos personas podrían ser lesbianas, lo cual significa que son dos mujeres que se aman de manera romántica». Para obtener una lista completa de términos y definiciones LGBTQIA+ en inglés, visita nuestro sitio web en FirstConversations.com.

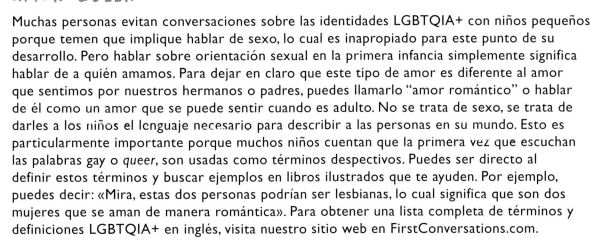

CUANDO EL AMOR ES DIFÍCIL

A veces hablar sobre el amor también implica hablar sobre el trauma, el dolor y la pérdida, especialmente cuando se trata de separarse de un ser querido. Los niños pequeños tienen muchos sentimientos complejos que van de la mano con el amor, al igual que los adultos. Puedes hablar sobre los sentimientos positivos que el amor evoca, como la felicidad, la alegría y la emoción, pero no olvides ayudar a tus hijos a nombrar emociones más difíciles, como el enojo, la preocupación, la frustración, el miedo o el dolor. Hay muchas razones por las que puede ocurrir la separación de un ser querido, como el divorcio, el encarcelamiento, un cambio de residencia, el desplazamiento, una pandemia, la inmigración o la muerte. Podemos apoyar a los niños ayudándolos a nombrar lo que sienten y manteniendo una conexión con ese ser querido de una manera que les haga sentir bien. Puedes preguntar: «¿Qué sientes cuando piensas en [el ser querido que se ha ido]?». Continúa con: «¿Qué extrañas hacer juntos?». Luego: «¿Qué crees que podríamos hacer para que te sientas mejor?». Algunas ideas podrían ser tener una cita regular con esa persona por videollamada, hacer arte usando el color favorito de esa persona o, si es posible, planificar una visita.

FOMENTAR RELACIONES SANAS

Todos merecen una red abundante de relaciones caracterizadas por el cariño, el compromiso, la confianza, el conocimiento, la responsabilidad y el respeto: una familia amorosa enraizada en una comunidad amorosa. Estas conexiones interdependientes nos ayudan a satisfacer nuestras necesidades y experimentar la plenitud. Desafortunadamente, vivimos en una sociedad donde circulan muchos mensajes falsos sobre el amor. El acoso, el abuso y la opresión se normalizan y son generalizados. Por eso es tan importante ayudar a los niños a comprender las relaciones saludables desde temprana edad. Como adultos confiables en sus vidas, es nuestro trabajo modelar el consentimiento, los límites y la comunicación. También tenemos la responsabilidad de ayudarlos a identificar y navegar dinámicas poco saludables, como la vergüenza, el control o la manipulación. La próxima vez que estés viendo una película o escuchando música con tu hijo o hija, intenta notar los momentos en los que los personajes demuestran comportamientos positivos y habla claramente acerca de los momentos en los que los personajes se tratan de manera perjudicial.

HETERONORMATIVIDAD Y RESISTENCIA

La heteronormatividad se refiere al sistema de poder en nuestra sociedad que valora las relaciones románticas entre un hombre y una mujer cisgéneros por encima de todas las demás formas naturales, hermosas e importantes de relación y familia: amor platónico, familia elegida, no monogamia ética, familias mezcladas, padres solteros, familias adoptivas, familias *queer* y muchas más. Los organizadores LGBTQIA+ y sus aliados han trabajado juntos para lograr cambios realmente increíbles, ¡y aún tenemos mucho más trabajo por hacer! El privilegio y la normalización de la heterosexualidad siguen siendo características clave de la mayoría de nuestras instituciones, desde la literatura infantil hasta el sistema médico. Puede ser útil saber que esto no siempre ha sido así. Las ideas sobre la superioridad de la familia nuclear están profundamente relacionadas con los orígenes de la supremacía blanca, la hegemonía cristiana y el colonialismo de los primeros asentamientos. Para obtener más información en inglés sobre esta historia, las formas en que se manifiesta la heteronormatividad hoy en día y las estrategias para unirse a la resistencia, visita nuestro sitio web: FirstConversations.com.

CONSTRUYAMOS UN MUNDO AMOROSO

Las investigaciones muestran que las personas necesitan amor tanto como necesitan alimentos nutritivos para comer y un lugar seguro para dormir. A veces, la forma en que mostramos amor es sencilla, como llevarle comida a un vecino que tiene hambre o aprender a pronunciar el nombre de un amigo. Y, a veces, la forma en que mostramos amor es realmente notable, como trabajar juntos para cambiar las políticas y prácticas de tu preescolar local para que sean más inclusivas de todas las familias. El Dr. Cornel West enseña que «la justicia es como se ve el amor en público». En un mundo verdaderamente amoroso, invertimos en las cosas que realmente nos mantienen seguros, y sabemos cómo manejar los conflictos juntos, transformar el daño y satisfacer nuestras necesidades individuales y colectivas. Podemos incluir a los niños pequeños en nuestros esfuerzos, grandes y pequeños, para construir juntos un mundo más amoroso.

Para obtener más ideas, recursos e información sobre legislación nacional que puedas apoyar para ayudar a construir ese mundo, visita FirstConversations.com.